海岛界定技术规程

国家海洋局 908 专项办公室　编

海洋出版社

2011·北京

图书在版编目（CIP）数据

海岛界定技术规程／国家海洋局 908 专项办公室编 . —北京：海洋出版社，2011. 12
ISBN 978 - 7 - 5027 - 8177 - 4

Ⅰ . ①海…　　Ⅱ . ①国…　　Ⅲ . ①岛 – 海疆 – 疆界 – 制定 – 规程 – 中国　　Ⅳ . ①K928. 19 – 65

中国版本图书馆 CIP 数据核字（2011）第 270533 号

责任编辑：项　翔
责任印制：刘志恒

海洋出版社　　出版发行

http://www. oceanpress. com. cn

北京华正印刷有限公司印刷　　新华书店发行所经销
2011 年 12 月第 1 版　2011 年 12 月北京第 1 次印刷
开本：889mm×1194mm　1/16　印张：1.25
字数：35 千字　定价：60.00 元
发行部：62132549　邮购部：68038593　总编室：62114335
海洋版图书印、装错误可随时退换

《海岛界定技术规程》 编写组

编 写 组 组 长：夏小明

编 写 组 成 员：（按姓氏笔画顺序排序）

叶　菁　毛志华　付元宾　李培英　吴桑云　刘毅飞

时连强　陈　坚　郑玉龙　高学民　贾建军　夏东兴

夏小明　蒋兴伟　蔡　锋　蔡廷禄

前　言

　　"我国近海海洋综合调查与评价"专项（以下简称"908"专项）是国家批准的重大海洋专项。开展近海海洋综合调查与评价，是我国"实施海洋开发"战略的基础性工作。海岛调查是"908"专项的主要任务之一，是继 1988 年第一次全国海岛资源综合调查后又一次全国性的海岛综合调查工作，其目标是摸清我国海岛家底，全面更新海岛基础数据，为维护我国领土主权、海洋权益和国土安全，提升海洋的开发、控制和综合管理能力，促进海洋经济发展提供科学依据。

　　20 世纪 80 年代末开展的第一次全国海岛资源综合调查，对面积大于或等于 500 m² 的海岛进行了调查和统计，获取的海岛数量、位置、面积、岸线等基础数据一直是我国海岛工作的重要依据。但是，近年来的填海连岛等行为导致许多海岛"人为消失"，原先的海岛数量等基础数据已不能反映当前我国海岛的现状。另一方面，面积小于 500 m² 的海岛广泛分布在我国海域，不计其数，作为我国海岛的重要组成部分，其价值和地位愈来愈重要，也需要予以调查和统计。

　　2004 年，国家海洋局开始部署"908"专项在沿海地区的任务，由沿海 11 个省（自治区、直辖市）海洋行政主管部门来组织实施本地区的海岛调查工作。为了对沿海地区海岛调查所获取的成果数据和资料进行规范的整理、分析和汇总，并按照统一的界定标准和统计方法，全面确认我国海岛及其数量，对我国所属海岛"立户建档"，国家海洋局于 2007 年适时启动"908"专项海岛调查成果集成工作。

　　为保障"908"专项海岛调查及成果集成任务的圆满完成，国家海洋局"908"专项办公室于 2008 年先后组织召开了多次专家研讨会，并广泛征求了国家和地方海岛管理职能部门的意见，在此基础上编制了我国首部《海岛界定技术规程》（试行本）。该技术规程于 2009 年 5 月通过了国家海洋局组织的专家评审，随即作为"908"专项《海岛调查技术规程》的补充文件印发执行。

　　本《规程》是在试行本的基础上修改完善而成，在遵循我国现行的法律、法规和有关国际法的前提下，结合我国海岛科研实践及管理工作需求，对海岛界定的基本原则、范围、基准时间、方法和技术指标以及海岛名录编制、海岛统计分析等内容作了具体规定。鉴于南海诸岛主要是基于珊瑚礁上发育形成，其空间分布、地质地貌特征、演化规律等自成体系，加之南海诸岛在地理位置上的特殊性和重要意义，本《规程》对南海诸岛予以特别界定。

　　本《规程》与"908"专项技术规程的总则和其他相关技术规程配套使用。

目　　次

1　适用范围 ……………………………………………………………………………………（1）

2　规范性引用文件 …………………………………………………………………………（1）

3　术语及定义 ………………………………………………………………………………（1）

　3.1　海岛 …………………………………………………………………………………（1）

　3.2　无居民海岛 …………………………………………………………………………（1）

　3.3　有居民海岛 …………………………………………………………………………（1）

　3.4　低潮高地 ……………………………………………………………………………（1）

　3.5　海岸线（海岛岸线） ………………………………………………………………（1）

　3.6　人工海岛 ……………………………………………………………………………（2）

　3.7　海岛界定 ……………………………………………………………………………（2）

　3.8　群岛 …………………………………………………………………………………（2）

　3.9　列岛 …………………………………………………………………………………（2）

4　海岛界定 …………………………………………………………………………………（2）

　4.1　海岛界定的基本原则 ………………………………………………………………（2）

　4.2　海岛界定的范围与基准时间 ………………………………………………………（2）

　4.3　海岛界定的数据基础 ………………………………………………………………（2）

　4.4　海岛地理统计单元的界定 …………………………………………………………（2）

　4.5　南海诸岛界定 ………………………………………………………………………（5）

5　海岛名录编制 ……………………………………………………………………………（6）

　5.1　海岛（礁）名录 ……………………………………………………………………（6）

　5.2　消失（注销）海岛名录 ……………………………………………………………（7）

　5.3　人工海岛名录 ………………………………………………………………………（7）

6　海岛统计分析 ……………………………………………………………………………（7）

　6.1　海岛分类 ……………………………………………………………………………（7）

　6.2　海岛岸线分类 ………………………………………………………………………（8）

　6.3　海岛基础数据统计分析 ……………………………………………………………（8）

　6.4　海岛基础数据变化分析 ……………………………………………………………（8）

附录A：名录表格 ……………………………………………………………………………（9）

　附录A－1　海岛（礁）名录表格 ……………………………………………………（9）

　附录A－2　消失（注销）海岛名录表格 ……………………………………………（9）

　附录A－3　人工海岛名录表格 ………………………………………………………（9）

附录 B:分类体系 ·· （10）

　　附录 B-1　海岛类型 ··· （10）

　　附录 B-2　海岛消失(注销)的方式与原因 ································· （10）

　　附录 B-3　海岛岸线类型 ··· （10）

1 适用范围

本技术规程作为 "908" 专项《海岛调查技术规程》的配套文件，对海岛界定的原则、范围、基准时间、方法和技术要求以及海岛名录编制、海岛统计分析等内容作了具体规定，适用于我国海岛调查研究工作。

2 规范性引用文件

GB/T 15918—1995　海洋学综合术语

GB/T 18190—2000　海洋学术语：海洋地质学

GB/T 12763—2007　海洋调查规范

HY/T 094—2006　沿海行政区域分类与代码

HY/T 119—2008　全国海岛名称与代码

GB/T 13923—2006　基础地理信息要素分类与代码

GB 12319—1998　中国海图图式

HY/T 123—2010　海域使用分类

GB/T 13989—1992　国家基本比例尺地形图分幅和编号

GB/T 16159—1996　汉语拼音正词法基本规则

海岛调查技术规程，2005，国家海洋局 "908" 专项办公室

海岛海岸带卫星遥感调查技术规程，2005，国家海洋局 "908" 专项办公室

海岛海岸带航空遥感调查技术规程，2005，国家海洋局 "908" 专项办公室

我国近海海洋综合调查要素分类代码和图式图例规程，2009，国家海洋局 "908" 专项办公室

联合国海洋法公约，1982

中华人民共和国领海及毗连区法，1992

中华人民共和国政府关于中华人民共和国领海基线的声明，1996

中华人民共和国海岛保护法，2010

海岛名称管理办法，2010，国家海洋局

3 术语及定义

3.1 海岛

四面环海水并在高潮时高于水面的自然形成的陆地区域，包括有居民海岛和无居民海岛。

3.2 无居民海岛

不属于居民户籍管理的住址登记地的海岛。

3.3 有居民海岛

属于居民户籍管理的住址登记地的海岛。

3.4 低潮高地

在低潮时，四面环海水并高于水面，但在高潮时没入水中的自然形成的陆地区域。

3.5 海岸线（海岛岸线）

海陆分界线，在我国系指多年大潮平均高潮位时海陆分界痕迹线。

3.6 人工海岛

四面环海水并在高潮时高于水面的、全部由人工填海造地形成的陆地区域，属填海造地用海方式或人工岛油气开采用海方式。

3.7 海岛界定

按照统一的方法与标准，对海岛是否为独立地理统计单元进行甄别和认定，并确定其自然和社会属性。

3.8 群岛

指海洋中彼此距离较近的成群分布在一起的岛屿。

3.9 列岛

指呈带状或弧状排列分布的岛链。

4 海岛界定

4.1 海岛界定的基本原则

（1）有利于维护我国领土主权、海洋权益和国土安全；
（2）符合我国现行的法律、法规和有关国际法的规定；
（3）有利于海岛保护和可持续发展；
（4）遵循海岛的自然地理与生态特性；
（5）充分考虑历史继承性和可操作性。

4.2 海岛界定的范围与基准时间

海岛界定的范围为大陆海岸线以外的我国所属全部海岛以及具有特殊意义的低潮高地、暗礁、暗沙等。大陆海岸线以"908"专项海岸线修测成果为准。

本次海岛界定的基准时间为 2008 年 12 月 31 日。

4.3 海岛界定的数据基础

根据"908"专项《海岛调查技术规程》、《海岛海岸带卫星遥感调查技术规程》和《海岛海岸带航空遥感调查技术规程》的要求，采用点（登岛观测点）、线（海岸线踏勘测量、剖面测量）和面（卫星遥感、航空遥感）相结合的立体观测技术，开展高精度海岛资源环境综合调查，获取海岛基础地理（位置、面积、岸线、高程、类型等）和社会属性（名称、有无居民、保护与利用状况等）等数据，编制大比例尺海岛岸线位置及类型分布专题图，作为海岛界定的数据基础。

4.4 海岛地理统计单元的界定

4.4.1 面积大于或等于 500 m² 的海岛

对于面积大于或等于 500 m² 的海岛，不论其与相邻大陆或海岛相隔多少距离，均认定为独立地理统计单元的海岛。

4.4.2 面积小于 500 m² 的海岛

对于面积小于 500 m² 的海岛，按照单礁型海岛（简称"单岛"）、丛礁型海岛（简称"丛岛"）两种分布型式进行界定。以海岸线为基线，以 $L = 50$ m 间距划定扩展区（见图 4.1）。

4.4.2.1 单礁型海岛的界定

（1）当单礁型海岛扩展区与大陆或面积大于或等于 500 m² 海岛的岸线均不相交，则界定该单礁型海岛为独立地理统计单元的海岛（见图 4.2a）；

（2）当单礁型海岛扩展区与大陆或面积大于或等于 500 m² 海岛的岸线相交，则该单礁型海岛作

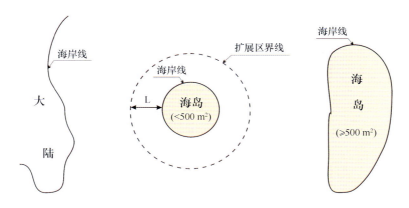

图 4.1　基线与扩展区概念图

为大陆或大于或等于 500 m² 海岛的一部分，不作为独立地理统计单元的海岛（图 4.2b、图 4.2c、图 4.2d）。

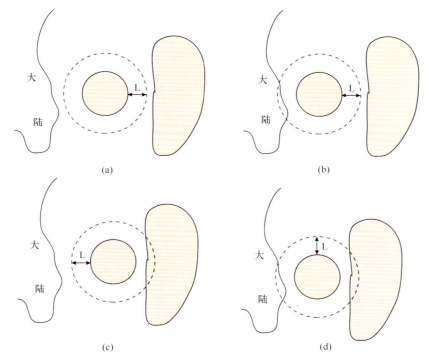

图 4.2　单礁型海岛界定示意图

4.4.2.2　丛礁型海岛的界定

当任一海岛扩展区与相邻海岛的岸线相交，则相交的数个海岛界定为一个丛礁型海岛单元（见图 4.3）。

（1）当丛礁型海岛单元内所有海岛的扩展区界线不与大陆或面积大于或等于 500 m² 海岛岸线相交，则该丛礁型海岛单元界定为一个独立地理统计单元的海岛（见图 4.4a）；

（2）当丛礁型海岛单元内所有或部分海岛扩展区界线与大陆或面积大于或等于 500 m² 海岛岸线相交，则该丛岛单元作为大陆或大于或等于 500 m² 海岛的一部分，不作为一个独立地理统计单元的海岛（见图 4.4b、图 4.4c、图 4.4d）；

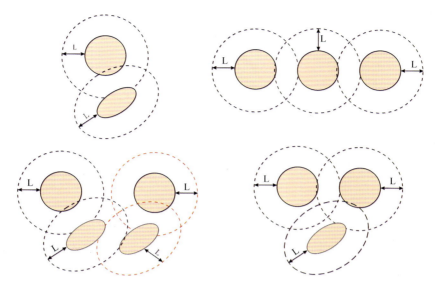

图 4.3 丛礁型海岛单元示意图

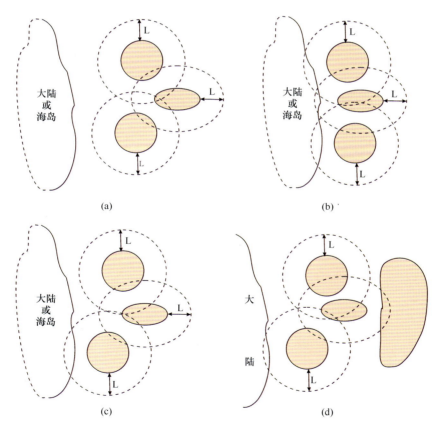

图 4.4 丛礁型海岛界定示意图

上述界定的独立地理统计单元海岛的面积仅指各海岛的陆地面积，不包括扩展区面积。

4.4.2.3 其他

对一些具有特殊意义的、面积小于 500 m^2 的单礁型海岛或丛礁型海岛单元内的海岛（如领海基点及其附近岛屿、已列入《全国海岛名称与代码》（HY/T 119—2008）中的岛屿、特殊景观岛等），不受扩展区距离的限制，界定为独立地理统计单元的海岛。

4.4.3　岛连岛

当上述作为独立地理统计单元的海岛，经自然或人工的方式相互连接后，按以下方法予以界定。

4.4.3.1　以自然形成的连岛沙坝相互连接的海岛

当最高高潮时连岛沙坝淹没，则分别界定为独立地理统计单元的海岛；当最高高潮时连岛沙坝出露海面，则作为整体界定为一个独立地理统计单元的海岛（图4.5a）。

4.4.3.2　以构筑物用海方式相互连接的海岛

（1）以跨海桥梁、海底隧道用海方式相互连接的海岛，均界定为独立地理统计单元的海岛。

（2）以非透水构筑物用海方式（如人工坝、防波堤等）相互连接的海岛，分别界定为独立地理统计单元的海岛，除非主体已成为堤坝的组成部分而看不出海岛形态。

（3）以透水构筑物用海方式（如潜坝等）相互连接的海岛，分别界定为独立地理统计单元的海岛。

4.4.3.3　以围海用海方式相互连接的海岛

（1）以围海堤坝相互连接的海岛，分别界定为独立地理统计单元的海岛（图4.5b）。

（2）在围海区内的海岛，界定方法参照4.4.1和4.4.2。

4.4.3.4　以填海造地用海方式相互连接的海岛

原则上以填海区在较小海岛上所占海岛岸线的比例作为参考依据，当小于1/4时，分别界定为独立地理统计单元的海岛；当大于1/4时，则界定海岛合并为一个独立地理统计单元的海岛（图4.5c）。

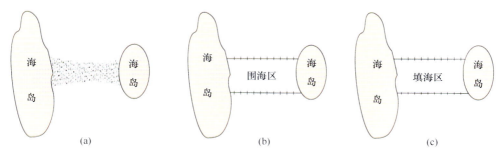

图4.5　岛连岛界定示意图

4.4.4　其他

对具有特殊意义的低潮高地、暗礁、暗沙等地理实体予以特别界定（如领海基点、敏感区岛礁以及已列入《全国海岛名称与代码》（HY/T 119—2008）的地理实体）。

4.5　南海诸岛界定

对南海诸岛所含的海岛、低潮高地、暗礁（沙）等进行独立地理统计单元的界定，并使用我国政府发布的岛、礁、沙、洲、滩、石、堡、暗礁、暗沙、群礁、群岛等标准名称。

4.5.1　海岛的界定

只要符合海岛定义，不论其面积大小、与相邻海岛距离远近，均界定为独立地理统计单元的海岛。环礁潟湖内的出露点礁，则不作为独立地理统计单元的海岛。

4.5.2　低潮高地的界定

对高潮时淹没、低潮时（理论最低潮位）出露的干出珊瑚礁（沙），主要根据高分辨率遥感资料、辅以现场勘查验证而获得位置、干出面积和干出岸线数据。不论其面积大小、与相邻低潮高地距离远近，均界定为独立地理统计单元的低潮高地。环礁潟湖内的干出点礁，则不作为独立地理统计单元的低潮高地。

4.5.3 暗礁（沙）的界定

对低潮时（理论最低潮位）不出露的暗礁（沙），主要根据高分辨率遥感资料和历史水深数据，进行界定和统计。

5 海岛名录编制

5.1 海岛（礁）名录

全面汇总、集成各任务单元海岛现场调查和海岛航空遥感与卫星遥感调查成果，对海岛进行甄别和认定，以表格的形式记录我国每个海岛，包括具有特殊意义的低潮高地、暗礁、暗沙等的名称、代码、编号、所属列岛或群岛名称、位置、面积、岸线长度、高程、类型等自然和社会属性数据（见附录 A－1），形成标准化的海岛（礁）名录，具体要求如下。

5.1.1 名称

对海岛（礁）名称进行规范化整理，按以下次序选取：

（1）省级（含省级）以上政府公布的海岛标准名称；

（2）《全国海岛名称与代码》（HY/T 119—2008）中的海岛名称；

（3）当地习惯使用的名称，从海图、陆图或其他文献中获取；

（4）对填海连岛合并后的新的海岛名称，一般沿用原行政级别高的或面积大的海岛的名称；

（5）对一名多岛情况，以"原名称（序号）"的方式对每个海岛进行命名，原名称作为岛群名称保留；

（6）对于省级行政区内重名海岛，可在海岛名称前加县、乡（镇）名称或附近的典型地理名称（如港湾、水道、大岛等）；

（7）对于无名称海岛，根据当地习惯使用的关联法、形象法等方法暂命名，或按照"典型地理名称—序号"的方式暂命名，如"××角－1"；对于聚集分布于主岛周围的无名称海岛以"主岛名称—序号"的方式暂命名，如"×××岛－01"。

5.1.2 汉语拼音

海岛名称的汉语拼音按照《汉语拼音正词法基本规则》（GB/T16159—1996）。

5.1.3 代码

按照《全国海岛名称和代码》（HY/T119—2008）行业标准的规定，填写原海岛代码和新确认海岛代码，已消失海岛的代码不再使用，确保海岛代码的唯一性。

5.1.4 全国编号

按照省级、市级、县级三级行政区划，以岛群为单元，沿大陆海岸线走势自北向南、自东向西编号。

5.1.5 省编号

按照市级、县级行政区划，以岛群为单元，沿大陆海岸线走势自北向南、自东向西编号。

5.1.6 列岛（岛群）和群岛名称

引用最新的大比例尺海图上标注的名称。

5.1.7 行政隶属

按照最新的行政区划，填写海岛的省、市、县三级行政隶属；对于各级行政区的分界岛或行政隶属尚未明确的海岛，标注上一级行政隶属。

5.1.8 位置

通常以海岛最高点的位置坐标为准。对于地势平坦的海岛或面积较小的海岛，以海岸线圈闭平面的长、短轴交叉点坐标为准，采用 CGCS2000 坐标系。

5.1.9 面积

由海岸线圈闭的海岛陆域面积，在 1∶5 万比例尺海岛岸线专题图上量算。

5.1.10 岸线长度

在 1∶5 万比例尺海岛岸线专题图上量算。

5.1.11 高程

指海岛最高点高程，直接引用海图或陆图标出的数据；对于缺少高程数据的海岛，作空白处理。

5.1.12 类型

按社会属性分类，将海岛划分为有居民海岛和无居民海岛（见附录 B-1），海岛社会属性按以下依据和顺序确定：（1）省级以上（含省级）政府确认的海岛社会属性；（2）《全国海岛名称和代码》（HY/T119—2008）行业标准中的海岛社会属性。

按成因分类，分为基岩岛、火山岛、珊瑚岛、堆积岛（见附录 B-1）。

5.1.13 备注

补充说明重要事项，如海岛的曾用名、别名和俗称。对南海诸岛，说明当地渔民习用名称。

5.2 消失（注销）海岛名录

以《全国海岛名称和代码》（HY/T119—2008）行业标准中列入的海岛为基准（不包括港、澳、台地区），未列入的海岛即使消失也不列入消失名录。以表格的形式列出每个消失海岛的自然和社会属性数据（见附录 A-2），具体要求如下。

序号：按照省级、市级、县级行政区划，沿大陆海岸线走势自北向南、自东向西编号。

名称：按照《全国海岛名称和代码》（HY/T119—2008）行业标准中的名称。

代码：按照《全国海岛名称和代码》（HY/T119—2008）行业标准中的代码。

行政隶属：省、市、县三级行政隶属。

位置、面积、岸线长度、高程等：以第一次全国海岛调查成果数据为准。

类型：同 5.1.12。

消失原因：包括 6 种情形①通过围填海与大陆相连；②通过围填海与其他海岛合并；③通过炸岛、挖沙等方式使海岛灭失；④自然侵蚀导致海岛消失；⑤大陆海岸线管理位置变更导致原海岛属性变更；⑥原海岛认定有误（见附录 B-2）。

消失年份：第①、②种情形，以堤坝合龙时间为准；第③、④种情形，以海岛没入水中时间为准；第⑤、⑥种情形，不标注消失年份。

5.3 人工海岛名录

将人工海岛作为一种特殊类型予以单列，以表格的形式收录并分别介绍每个人工海岛的名称、行政隶属、位置、面积、岸线长度、开发利用状况等基础资料（见附录 A-3）。有关要求同 5.1。

6 海岛统计分析

6.1 海岛分类

按照社会属性分类。首先将海岛划分为有居民海岛和无居民海岛，其次，将有居民海岛按照行政级别划分为省级岛、地市级岛、县级岛、乡级岛、村级岛、自然村岛（见附录 B-1）。

按照面积大小分类。将海岛划分为：特大岛、大岛、中岛、小岛和微型岛（见附录 B–1）。

按照成因分类。将海岛划分为基岩岛、火山岛、珊瑚岛、堆积岛。当一个海岛有多种成因时，按主要成因进行分类（见附录 B–1）。

按照物质组成分类。将海岛划分为基岩岛、珊瑚岛、泥沙岛（见附录 B–1）。

此外，还可以按照离岸方式与距离、地理位置、资源特征和功能定位等进行分类。

6.2 海岛岸线分类

海岛岸线可划分为自然岸线、人工岸线和河口岸线，自然岸线又可划分为基岩岸线、砂砾质岸线和粉砂淤泥质岸线（见附录 B–3）。

6.3 海岛基础数据统计分析

基于上述海岛（礁）名录所列的海岛自然和社会属性基础数据，按照各级行政区划（省、市、县）、典型海洋地理单元（海区、群岛、岛群）和海岛、岸线分类等，对我国海岛数量、面积、岸线长度等进行统计分析。

6.4 海岛基础数据变化分析

与 20 世纪 80 年代末进行的第一次全国海岛资源综合调查数据进行对比，按照各级行政区划（省、市、县）、典型海洋地理单元（海区、群岛）和海岛、岸线分类等，对海岛数量、面积、岸线长度的变化进行对比分析，并说明变化的原因。

附录 A：名录表格

附录 A-1 海岛（礁）名录表格

名称	汉语拼音	代码	全国编号	省编号	列岛（岛群）名称	群岛名称	行政隶属	位置		面积 /m²	岸线长度 /m	高程 /m	类型		备注
								东经（度）	北纬（度）				社会属性	成因	

附录 A-2 消失（注销）海岛名录表格

序号	名称	行政隶属	代码	位置		面积 /m²	岸线长度 /m	高程 /m	类型		消失原因							消失年份
				东经 /（°）	北纬 /（°）				社会属性	成因	通过围填海与大陆相连	通过围填海与其他海岛合并	通过炸岛、挖沙等方式使海岛灭失	自然侵蚀导致海岛消失	大陆海岸线管理位置变更导致海岛属性变更	原海岛认定有误		

附录 A-3 人工海岛名录表格

序号	名称	行政隶属	位置		面积/m²	岸线长度/m	开发利用状况	备注
			东经/（°）	北纬/（°）				

附录 B：分类体系

附录 B-1　海岛类型

主要分类	一级类	二级类或说明
按社会属性分类	有居民海岛	省级岛：省级（或副省级）政府驻地岛
		地市级岛：地市级政府驻地岛
		县级岛：县（市、区）级政府驻地岛
		乡级岛：乡（镇、街道）级政府驻地岛
		村级岛：村委会（社区）驻地岛
		自然村岛：有自然村落的海岛
	无居民海岛	不属于居民户籍管理的住址登记地的海岛
按面积大小分类	特大岛	面积≥2 500 km²
	大岛	2 500 km²＞面积≥100 km²
	中岛	100 km²＞面积≥5 km²
	小岛	5 km²＞面积≥500 m²
	微型岛	面积＜500 m²，包括单岛和丛岛
按成因分类	基岩岛	大陆地块延伸到海洋并露出海面、由岩石构成的海岛
	火山岛	海底火山喷发出的岩浆物质堆积并露出海面形成的海岛
	珊瑚岛	由海洋中造礁珊瑚的钙质遗骸和石灰藻类生物遗骸堆积形成的海岛
	堆积岛	由于泥沙运动堆积或侵蚀形成的海岛
按物质组成分类	基岩岛	由固结的沉积岩、变质岩和火山岩组成的岛屿
	珊瑚岛	由海洋中造礁珊瑚的钙质遗骸和石灰藻类生物遗骸堆积形成的海岛
	泥沙岛	由砾、砂、粉砂和黏土等碎屑物质堆积形成的海岛

附录 B-2　海岛消失（注销）的方式与原因

海岛消失的方式		消失原因说明
人工方式	1	通过围填海与大陆相连
	2	通过围填海与其他海岛合并
	3	通过炸岛、采石、挖沙等方式使海岛灭失
自然方式	4	自然侵蚀导致海岛消失
其他方式	5	大陆海岸线管理位置发生变更导致海岛属性变更
	6	原认定有误

附录 B-3　海岛岸线类型

一级分类	二级分类
自然岸线	基岩岸线
	砂砾质岸线
	粉砂淤泥质岸线
人二岸线	防潮堤、防波堤、护坡、挡浪墙、码头、防潮闸、船坞、道路等挡水构筑物组成的岸线等
河口岸线	入海河流与海洋的水域分界线